# Meine Taufe

## Zur Erinnerung

Herausgegeben von Elmar Gruber

Herder Freiburg · Basel · Wien

*Dieses Erinnerungsbuch gehört*

*Ich habe es geschenkt bekommen von*

# *Was Taufe ist*

Taufe
ist das Eintauchen in Gott.
Leben ist nur möglich
durch Wasser,
Leben ist nur möglich
durch Gott.
Gott ist da für dich
wie Wasser,
Gott ist da für dich
im Wasser.
Er nimmt dich an,
so, wie du bist,
damit du in seiner Liebe
glücklich leben kannst
und durch
Glaube, Hoffnung und Liebe
alles Böse überwindest.
Weil dich Gott angenommen hat,
bist du jemand
und hast einen Namen.

Dieses Album
soll dich
immer an deine Taufe erinnern.
Es will dir zeigen,
wie nah dir Gott im Leben ist
und wie du in den irdischen Dingen
seine ewige Liebe
finden kannst.

# Meine Geburt

Mein(e) Vorname(n) ____________________

Mein Name ____________________

Ich bin geboren am ____________________

um __________ Uhr

in ____________________

Meine Mutter

____________________

Mein Vater

____________________

Mein Gewicht bei der Geburt ____________________

Meine Größe bei der Geburt ____________________

Hier ist Platz für das erste Foto von dir nach deiner Geburt
und für die Unterschrift deiner Eltern.

# Meine Taufe

Ich wurde getauft
im Namen des Vaters und
des Sohnes und des Heiligen Geistes

am ______________________, dem ______________________
Wochentag Datum

in ______________________________________________
Name der Kirche

in ______________________________________________
Name des Ortes

Getauft wurde ich von

______________________________________________

An meiner Taufe haben teilgenommen

______________________________________________

______________________________________________

______________________________________________

Dieser Platz ist für Fotos, die bei deiner Taufe gemacht wurden, bei der Feier in der Kirche und zu Hause.

# Meine Taufpaten sind

Hier kannst du ein Foto von deinen Taufpaten einkleben
und dir ihre Unterschrift geben lassen.

# Mein(e) Namenspatron(e)

Was ich aus dem Leben meiner Namenspatrone weiß:

# *Ich bin ein Geschenk*

Ich bin geboren,
ich bin auf die Welt gekommen,
als kleines Kind
bin ich ganz
auf meine Eltern angewiesen.
Gott
hat mich ihnen anvertraut.
Meine Eltern mußten für mich entscheiden,
ob ich als kleines Kind
getauft werde,
oder erst später,
wenn ich selber
danach verlangen kann.
Auch wenn ich
auf Wunsch meiner Eltern
durch die Taufe
von Anfang an
in der Kirche leben darf,
muß ich mich später
frei und selbständig
immer wieder
für Jesus und seine Kirche
entscheiden.

Wer bin ich?
Du kennst mich
und gibst mir
(m)einen Namen.
Du rufst mich,
durch dich erlebe ich,
wer ich bin.
Du läßt mich dein sein.

Wenn ich nicht
dein bin,
bin ich nichts.

Wasser –
du Spiegel
ewigen Lebens.

Wo Wasser ist,
ist Leben –
wo Leben ist,
ist Wasser.

Gott,
du bist da für mich
wie Wasser,
du bist da im Wasser.

Du trägst mich
und meine Last.

Du machst mich
belastbar.

Weil du mich trägst,
kann ich mich
und andere
ertragen.

Du nimmst mir den Staub
und alles Fremde,
das mich entstellt
und unklar macht.

Du löst mich ab
von allem,
was mich hindert
selbst zu sein.
Du machst mich echt
und rein.

Mein Durst
schreit
nach Wasser.

Ich brauche
die Erfüllung.

Ich kann nicht selbst
mein Inhalt sein.

Du
bist mein In-Halt;
du machst mich stark
von innen.

Ich behalte dich
und halte mich
durch dich.

Du gibst mir
einen festen Stand.

Ich trinke dich,
ich sauge dich
in mich hinein.
Und du
durchdringst mich
und wirst in mir
allgegenwärtig.

Weil du da bist,
kann ich leben.
Ohne dich
kann ich
nicht sein.

Ich lasse mich
ganz in dich hinein.
Du nimmst mich ganz
in dich auf.

Ich empfange mich
aus deiner Hand
immer wieder neu.

Du machst mein Leben
zum Geschenk.

Deine Kraft
macht meine Schwachheit
mächtig.

Weil du
mich treibst,
kann ich mich selbst
bewegen
und anderes
in Bewegung setzen.

Du machst Hartes
weich und flüssig.

Wenn ich gelöst bin,
kann ich selber lösen,
was im Leben hart
und unlösbar erscheint.
Unmögliches wird möglich.
Ich bin fähig, anzunehmen
und mich hinzugeben.

Wo ich in meiner Härte
hassen würde, kann ich lieben.

Ich bin geboren,
ich bin da,
weil du mich willst.

Ich bin so,
weil du mich so nimmst,
wie ich bin.

Du schufst das Wasser
Du machst es zur Quelle
allen Lebens
und hauchst deinen
Geist hinein.

Du kommst als Mensch
um mich
als Bruder zu lieben,
mit mir den Weg zu gehen
ins Leben.
So kann ich leben
werde fähig zu lieben
und mich zu
verschenken.

Bei dir
habe ich einen Platz,
der kann mir nicht
genommen werden.

Hier
darf ich sein.
Deine Liebe
kennt kein Müssen.
Du läßt mich fühlen:
es ist gut,
daß es mich gibt.

Du hast mich erwählt,
du salbst mein Haupt
und verleihst mir
deine Hoheit.
Niemand kann sich selber
Rang und Würde geben.
Du machst mich erhaben.

Du gibst mir Anteil
an der Würde,
die dem ewig Liebenden,
sich Opfernden
zu eigen ist.

Ich bin Kind Gottes.

Du öffnest
meine Lippen
und legst dein Wort
in meinen Mund,
damit ich Worte finde
und dich
und mich
zur Sprache bringen kann.

Du öffnest mich,
damit ich aus mir selbst
herausgehn kann.

Du gibst mir
das rechte Wort,
durch das ich mich
vernehmlich
machen kann.

Deine Hand
hast du auf mich gelegt;
mein Leben
ruht in deinen Händen
und ist darin geborgen.

Ich weiß,
wem ich gehöre,
ich kann nicht mehr
verlorengehn.

Immer wird mich deine Hand
ergreifen,
retten und bergen.

Die Liebe
stillt die Sehnsucht
meines Herzens,
sie heilt alle Not.

Sie ist für meine Wunden
wie Öl und Salbe.

Alle Liebe
stammt von dir.
Du heilst mich
und gibst mir
die Kraft zu heilen.

Du rührst dich
und berührst mich;

dein Leben
strömt in mich
und erweckt in mir
das Leben.

Du ergreifst mein Herz
und öffnest meine Sinne,
du befreist mich
von der Trägheit.
Du nimmst mir die Angst;
ich kann nun selbst berühren
und mein Leben
weitergeben.

Du öffnest
meine Ohren,
damit ich dich
vernehmen kann.

Du kommst im Wort
und sprichst mich an.

Dein Wort
trifft mich
und macht mich fähig,
andere zu begeistern.

Du siehst mich an.

Deine Liebe
bringt mich zum
Leuchten.

Sie wirkt in mir
und gibt mir
ein neues Aussehen.

Deine Liebe
ist wie ein Kleid,
das mich
ansehnlich macht.

Ich blühe auf,
und die mich sehen,
freuen sich.

Licht
leuchtet und erleuchtet.
Dein Licht
verwandelt meine Finsternis.

In deinen Strahlen
werde ich selber strahlend,
und ich erhelle
die Umgebung.

Dein Licht
gibt mir eine neue Sicht
von allem.

Die Liebe
führt uns zusammen;
wir sind nicht mehr einzeln,
wir sind eins.

Wir versammeln uns,
weil wir deine Liebe spüren,
und damit wir sie erfahren:
in der Freundschaft,
in der Familie
und in deiner Kirche.

Im Kreuz ist Leben,
es eint die Gegensätze.

Das Entweder-Oder
wird zum
Sowohl-Als-auch:

Freud und Leid,
Leben und Tod,
Gott und Mensch.

Du gönnst mir
alles Glück des Lebens.

Du segnest mich
und prägst mir
das Zeichen
ewigen Lebens ein,
damit ich selbst
zum Segen werde.

# Feier der Taufe eines Kindes

## Eine Auswahl von Gebeten und Riten

### GESPRÄCH MIT DEN ELTERN

*Der Zelebrant (Priester oder Diakon) bittet die Eltern, öffentlich auszusprechen, welchen Namen sie ihrem Kind gegeben haben und was sie ihm erbitten.*

Welchen Namen haben Sie Ihrem Kind gegeben?
Eltern: N. . . .
Was erbitten Sie von der Kirche Gottes für N.?
Eltern: Die Taufe.

*Die Eltern können statt der Antwort „Die Taufe" auch eine andere Antwort geben, z.B.: „Daß es ein Kind Gottes wird" „Die Gnade Christi" „Die Aufnahme in die Kirche" „Das ewige Leben".*
*Nun redet der Zelebrant die Eltern etwa mit folgenden Worten an:*

Liebe Eltern! Sie haben für Ihr Kind die Taufe erbeten. Damit erklären Sie sich bereit, es im Glauben zu erziehen. Es soll Gott und den Nächsten lieben lernen, wie Christus es uns vorgelebt hat. Sind Sie sich dieser Aufgabe bewußt?
Eltern: Ja.

### WORT AN DIE PATEN

Liebe Paten! Die Eltern dieses Kindes haben Sie gebeten, das Patenamt zu übernehmen. Auf Ihre Weise sollen Sie mithelfen, daß aus diesem Kind ein guter Christ wird. Sind Sie dazu bereit?
Paten: Ja.

*Nach dem Wortgottesdienst und den Fürbitten folgt die*

### SALBUNG MIT KATECHUMENENÖL

Es stärke dich die Kraft Christi, des Erlösers. Zum Zeichen dafür salben wir dich mit dem Öl des Heiles in Christus, unserem Herrn, der lebt und herrscht in Ewigkeit.
A.: Amen.

*Das Kind wird mit Katechumenenöl auf der Brust gesalbt.*

*Wenn die Taufe an der Stelle gespendet wird, wo der Wortgottesdienst stattgefunden hat, treten die Eltern und Paten heran, die übrigen Anwesenden bleiben an ihrem Platz.*

### LOBPREIS UND ANRUFUNG GOTTES ÜBER DEM WASSER

*Wenn alle am Taufbrunnen versammelt sind, erinnert der Zelebrant mit kurzen Worten die Taufgemeinde an den Heilsplan Gottes, der Seele und Leib des Menschen durch das Wasser heiligt. Das kann mit folgenden oder ähnlichen Worten geschehen:*

Z.: Laßt uns beten zu Gott, dem allmächtigen Vater, daß er diesem Kind aus dem Wasser und dem Heiligen Geist neues Leben schenke.

*Der Zelebrant wendet sich nun dem Taufbrunnen zu und spricht den Lobpreis.*

Z.: Wir preisen dich, Gott, allmächtiger Vater; denn du hast das Wasser geschaffen, damit es reinigt und belebt. Wir loben dich.
A.: Wir preisen dich.

Z.: Wir preisen dich, Gott, allmächtiger Vater; denn du hast uns deinen einzigen Sohn Jesus Christus gesandt. Aus seiner Seite sind am Kreuz Blut und Wasser geflossen zum Zeichen, daß aus seinem Tod und seiner Auferstehung die Kirche hervorgehen sollte. Wir loben dich.
A.: Wir preisen dich.

Z.: Wir preisen dich, Gott, allmächtiger Vater; denn du hast Christus bei seiner Taufe im Jordan geheiligt in deinem Geist, in dem auch wir geheiligt werden. Wir loben dich.
A.: Wir preisen dich.

*Außerhalb der österlichen Zeit:*

Z.: Steh uns bei, heiliger Vater, und heilige dieses Wasser. Reinige das Kind, das in ihm getauft wird, von der Sünde und schenke ihm neues Leben. Erhöre uns, o Herr.
A.: Erhöre uns, o Herr.

Z.: Heilige dieses Wasser, damit dieses Kind, das in ihm auf den Tod und die Auferstehung Christi getauft wird, deinem Sohn ähnlich werde. Erhöre uns, o Herr.
A.: Erhöre uns, o Herr.

Z.: Heilige dieses Wasser, damit dieses Kind im Heiligen Geist wiedergeboren wird und deinem Volk angehört. Erhöre uns, o Herr.
A.: Erhöre uns, o Herr.

*Wenn in der österlichen Zeit bereits geweihtes Taufwasser vorhanden ist, wird anstelle der drei voraufgehenden Bittrufe angefügt:*

Z.: Schenke durch dieses in der Osternacht geweihte Wasser dem Kind N. die Gnade der Wiedergeburt. Du hast es im Glauben der Kirche zur Taufe berufen, damit es ewiges Leben habe durch Christus, unseren Herrn.
A.: Amen.

## ABSAGE UND GLAUBENSBEKENNTNIS

*Der Zelebrant redet Eltern und Paten mit folgenden Worten an:*

Liebe Eltern und Paten! Gott liebt Ihr Kind und schenkt ihm durch den Heiligen Geist im Wasser der Taufe neues Leben. Dieses Leben soll wachsen und dem Bösen widerstehen können. Deshalb sollen Sie Ihr Kind im Glauben erziehen. Wenn Sie bereit sind, als gläubige Menschen diese Aufgabe zu übernehmen, dann sagen Sie jetzt im Gedenken an Ihre eigene Taufe dem Bösen ab und bekennen Ihren Glauben an Jesus Christus, den Glauben der Kirche, in dem Ihr Kind getauft wird.

*Dann fragt der Zelebrant die Eltern und Paten:*

Widersagen Sie dem Bösen, um in der Freiheit der Kinder Gottes leben zu können?
Eltern und Paten: Ich widersage.

Z.: Widersagen Sie den Verlockungen des Bösen, damit es nicht Macht über Sie gewinnt?
Eltern und Paten: Ich widersage.

Z.: Widersagen Sie dem Satan, dem Urheber des Bösen?
Eltern und Paten: Ich widersage.

*Dem Bekenntnis der Eltern und Paten stimmen der Zelebrant und die Taufgemeinde zu, indem sie gemeinsam das Apostolische Glaubensbekenntnis sprechen.*

## TAUFE

*Der Zelebrant bittet die Familie, an den Taufbrunnen heranzutreten. Nach Möglichkeit sollte jetzt die Mutter das Kind tragen; in diesem Fall legen die Paten dem Kind die rechte Hand auf. Der Zelebrant spricht zu den Eltern und Paten:*

Sie haben sich eben zum Glauben der Kirche bekannt. In diesem Glauben empfängt (Ihr Sohn – Ihre Tochter) N. nun die Taufe.

*Dann tauft der Zelebrant das Kind mit den Worten:*

N., ich taufe dich im Namen des Vaters
*(erstes Eintauchen oder Übergießen)*

und des Sohnes
*(zweites Eintauchen oder Übergießen)*

und des Heiligen Geistes.
*(drittes Eintauchen oder Übergießen).*

## SALBUNG MIT CHRISAM

*Der Zelebrant spricht:*

Der allmächtige Gott, der Vater unseres Herrn Jesus Christus, hat dich von der Schuld Adams befreit und dir aus dem Wasser und dem Heiligen Geist neues Leben geschenkt. Du wirst nun mit dem heiligen Chrisam gesalbt; denn du bist Glied des Volkes Gottes und gehörst für immer Christus an, der gesalbt ist zum Priester, König und Propheten in Ewigkeit.
A.: Amen.

*Danach salbt der Zelebrant das Kind schweigend auf dem Scheitel mit Chrisam.*

## ÜBERREICHUNG DES WEISSEN KLEIDES

*Dem Kind wird jetzt ein weißes Kleid aufgelegt. Die Familie soll das Taufkleid für ihr Kind nach Möglichkeit selbst bereitstellen und jetzt dem Zelebranten übergeben.*

*Der Zelebrant spricht:*

Dieses weiße Kleid soll dir ein Zeichen dafür sein, daß du in der Taufe neugeschaffen worden bist und – wie die Schrift sagt – Christus angezogen hast. Bewahre diese Würde für das ewige Leben.

## ÜBERGABE DER BRENNENDEN KERZE

*Der Zelebrant lädt zum Anzünden der Taufkerze ein. Dabei kann er sprechen:*

Empfange das Licht Christi.

*Der Vater (oder der Pate) entzündet die Taufkerze an der Osterkerze. Dann spricht der Zelebrant:*

Liebe Eltern und Paten! Ihnen wird dieses Licht anvertraut. Christus, das Licht der Welt, hat Ihr Kind erleuchtet. Es soll als Kind des Lichtes leben, sich im Glauben bewähren und dem Herrn und allen Heiligen entgegengehen, wenn er kommt in Herrlichkeit.

## EFFATA-RITUS

So wollen wir den Herrn bitten, daß er diesem Kind helfe, seine Botschaft zu hören und zu bekennen.
Der Herr lasse dich heranwachsen, und wie er mit dem Ruf „Effata" dem Taubstummen die Ohren und den Mund geöffnet hat, öffne er auch dir Ohren und Mund,

*(hier berührt der Zelebrant Ohren und Mund des Kindes)*

daß du sein Wort vernimmst und den Glauben bekennst zum Heil der Menschen und zum Lobe Gottes.

## DAS GEBET DES HERRN

*Der Priester (Diakon) wendet sich an alle Anwesenden:*

Liebe Brüder und Schwestern! Diesem Kind wurde in der Taufe das neue Leben geschenkt, und so heißt und ist es ein Kind Gottes.
In der Firmung wird es die Fülle des Heiligen Geistes empfangen. Es wird inmitten der Gemeinde zum Altar treten, Gott seinen Vater nennen und teilhaben am Tisch des heiligen Opfers. Auch uns hat Gott zu seinen Söhnen und Töchtern angenommen; daher beten wir stellvertretend für dieses Kind, wie der Herr uns zu beten gelehrt hat:

Alle: Vater unser im Himmel,
Geheiligt werde dein Name.
Dein Reich komme.
Dein Wille geschehe,
wie im Himmel so auf Erden.
Unser tägliches Brot gib uns heute.
Und vergib uns unsere Schuld,
wie auch wir vergeben unsern Schuldigern.
Und führe uns nicht in Versuchung,
sondern erlöse uns von dem Bösen.
Denn dein ist das Reich und die Kraft und die Herrlichkeit in Ewigkeit. Amen.

## SEGEN

*Die Mutter trägt ihr Kind jetzt wieder auf dem Arm und tritt zusammen mit dem Vater vor den Zelebranten. Dieser segnet zuerst die Mutter, dann den Vater und schließlich alle Anwesenden. Er spricht:*

Allmächtiger Gott und Herr, durch die Geburt deines Sohnes hast du die Welt mit Freude erfüllt. Segne dieses neugetaufte Kind, daß es ein guter Christ wird in Christus Jesus, unserem Herrn. Amen.

Allmächtiger Gott und Herr, du schenkst irdisches und ewiges Leben. Segne den Vater und die Mutter dieses Kindes. Sie danken dir für die glückliche Geburt. Laß sie zusammen mit ihrem Kind allzeit dankbar sein in Christus Jesus, unserem Herrn. Amen.

Allmächtiger Gott und Herr, segne die Paten (Geschwister, Verwandten) dieses Kindes und alle hier versammelten Gläubigen. Du hast uns in der Taufe ewiges Leben geschenkt. Laß uns immer und überall lebendige Glieder deines heiligen Volkes sein. Allen aber, die hier versammelt sind, gib deinen Frieden in Christus Jesus, unserem Herrn. Amen.

Es segne euch der allmächtige Gott, der Vater, der Sohn + und der Heilige Geist. Amen.

Gehet hin in Frieden.
Alle: Dank sei Gott, dem Herrn.

# Meine Familie

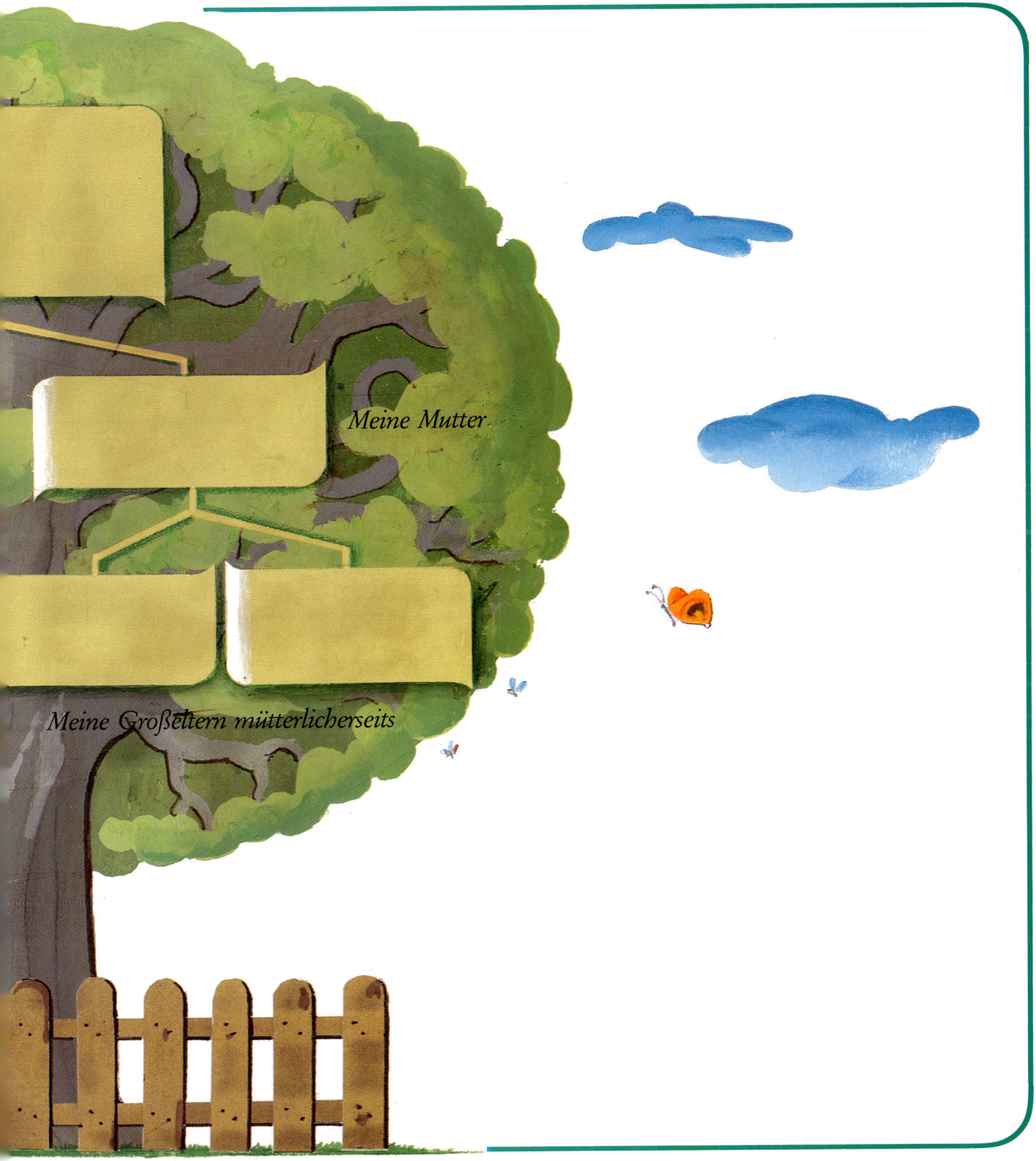
Meine Mutter
Meine Großeltern mütterlicherseits

# *Wünsche für mein Leben*

Hier können deine Eltern, deine Paten oder
der Pfarrer (Diakon), der dich taufte,
Wünsche oder Losungsworte für dein Leben eintragen.

Zu den Festen der Sakramente der Erstkommunion
und der Firmung hat Pfarrer Elmar Gruber
reich illustrierte Glaubensbücher geschrieben.
In der gleichen hervorragenden Bildqualität,
auch mit Seiten zum Ausfüllen und Gestalten,
erhalten Sie in Ihrer Buchhandlung:

**Meine Erstkommunion. Erinnerungs-Album**
7. Auflage. 36 Seiten mit vielen farbigen Fotos und Illustrationen, gebunden.
ISBN 3-451-20348-0

**Unsere Firmung. Zur Erinnerung**
3. Auflage. 60 Seiten mit vielen farbigen Fotos und Illustrationen, gebunden.
ISBN 3-451-20627-7

Verlag Herder Freiburg · Basel · Wien

Die farbigen Illustrationen zeichnete Willy Kretzer

Bildnachweis:
Colorvision Uthoff 24 – Fotoagentur Bilderberg 11, 14, 15, 16, 18, 19, 28, 29, 30
foto-present 25 – Glaser 12 – Herder-Bildarchiv 31 – Lessing 21, 27 – Markus 17 –
Müller 23 – Pitz 13 – Schmidt 20 – Schneiders 22.

Gestaltung: Erich Priester

Vierte Auflage


Herstellung: Freiburger Graphische Betriebe 1993
ISBN 3-451-20657-9